SEJA LÍDER, NÃO AMIGO

TIAGO DA SILVA MASCARENHAS

SEJA LÍDER, NÃO AMIGO

EDITORA
Labrador

Copyright © 2021 de Tiago da Silva Mascarenhas
Todos os direitos desta edição reservados à Editora Labrador.

Coordenação editorial
Pamela Oliveira

Projeto gráfico, diagramação e capa
Felipe Rosa

Assistência editorial
Gabriela Castro

Tradução
Laura Folgueira

Preparação
Marília Courbassier Paris

Revisão
Leonardo Dantas do Carmo

Imagem de capa
Freepik.com

Imagens internas
Freepik.com

Dados Internacionais de Catalogação na Publicação (CIP)
Angélica Ilacqua – CRB-8/7057

Mascarenhas, Tiago da Silva
 Seja líder, não amigo / Tiago da Silva Mascarenhas ; tradução de Laura Folgueira. – São Paulo : Labrador, 2021.
 64 p.

ISBN 978-65-5625-103-5
Título original: Be a leader, not a friend

1. Liderança 2. Líderes 3. Negócios I. Título II. Folgueira, Laura

21-0398   CDD 658.4092

Índices para catálogo sistemático:
1. Liderança

Editora Labrador
Diretor editorial: Daniel Pinsky
Rua Dr. José Elias, 520 — Alto da Lapa
São Paulo/SP — 05083-030
Telefone: +55 (11) 3641-7446
contato@editoralabrador.com.br
www.editoralabrador.com.br
facebook.com/editoralabrador
instagram.com/editoralabrador

A reprodução de qualquer parte desta obra é ilegal e constitui uma apropriação indevida dos direitos intelectuais e patrimoniais do autor.

A editora não é responsável pelo conteúdo deste livro. O autor é responsável pelos fatos e julgamentos aqui contidos.

SUMÁRIO

7 CAPÍTULO 1
O QUE É SER LÍDER

15 CAPÍTULO 2
AMIGO OU SUBORDINADO

23 CAPÍTULO 3
MEUS ERROS

29 CAPÍTULO 4
DIFERENCIANDO-SE

37 CAPÍTULO 5
AS DESVANTAGENS DE SER LÍDER

45 CAPÍTULO 6
OS BENEFÍCIOS DE SEPARAR NEGÓCIOS E AMIZADE

53 CAPÍTULO 7
FEITO É MELHOR DO QUE PERFEITO

CAPÍTULO 1
O QUE É SER LÍDER

Há dez anos estou envolvido com liderança, administrando uma das maiores escolas de idiomas do mundo. Ao mesmo tempo, participei de vários outros projetos, incluindo startups grandes e pequenas, localizadas em onze países diferentes, cujas equipes usavam inglês e outros idiomas. Essa experiência me permitiu ver o que é e o que não é uma liderança bem-sucedida.

Como resultado de uma longa jornada e um processo de aprendizado contínuo, passei a entender o que é preciso para ser um bom líder. Ao longo dos anos, cometi erros e aprendi com eles. Também vi o que funciona para os outros e, inclusive, aprendi com os erros de meus pares. Nunca paramos de aprender e, neste livro, vou levá-lo em uma jornada pela liderança como a vejo hoje, o que você precisa para ter sucesso, os erros a evitar e as lições que deve aprender. Compartilhando minha experiência e meus insights, posso ajudá-lo a tornar-se o líder que você quer ser.

Ser o melhor líder possível exige esforço, que olhemos para dentro e sejamos honestos com nossos defeitos, entendendo por completo o que de fato é liderança. Para começar essa jornada, precisamos conceber o que significa ser líder.

Embora algumas pessoas pensem em liderança e sintam a pressão da responsabilidade e das várias habilidades necessárias para ser um líder efetivo, o mais difícil de aprender, na verdade, é como lidar com outras pessoas – mais especificamente, como administrá-las com eficácia. É mais do que simplesmente organizar fluxos de trabalho e responsabilidades, é ajudar sua equipe a atingir seu potencial e demonstrar o melhor de si para conquistar as metas que definiu.

Há muitas formas de abordar isso: alguns líderes dão certo; outros, não. O mais importante de se lembrar neste ponto, porém, é que tudo muda com o tempo. Com a liderança acontece o mesmo. Administrar uma equipe ou organização hoje em dia é muito diferente do que era se olharmos apenas três décadas atrás, e a liderança precisa adaptar-se a isso. Pense em como os negócios operavam no início dos anos 1990. Naquela época, a internet estava na infância como produto comercial e, como as comunicações eram mais lentas, os negócios eram organizados de forma diferente. Um gerente podia supervisionar centenas de funcionários, mas todos ficavam em uma localização única, com uma hierarquia única para toda a estrutura.

Hoje, você pode supervisionar menos pessoas, mas, com as comunicações modernas, elas podem estar localizadas pelo mundo todo, mudando muitas vezes a própria estrutura do negócio. Um líder pode supervisionar equipes compostas por freelancers ou contratados, todos trabalhando de forma remota de lugares independentes. A natureza disparatada da mão de obra, em termos não apenas de localização, mas de cultura, idioma e abordagem, é um novo desafio para um novo estilo de liderança.

Os líderes hoje precisam de um conjunto amplo de capacidades para serem efetivos nesse contexto, podendo organizar e administrar pessoas em múltiplas localidades, muitas vezes com valores, culturas e idiomas diferentes. Para ter sucesso nesse novo cenário de liderança, é preciso abraçar a tecnologia para dominar as ferramentas que lhe permitirão colaborar como equipe ao redor do mundo. Isto é só a base da liderança eficaz hoje: ter a flexibilidade de harmonizar-se com a equipe, adaptar-se à gama de pessoas e seus diversos históricos e expectativas sobre o ambiente de trabalho, e encontrar uma forma de tirar o melhor de todas.

A liderança, porém, também tem a ver com riscos, prever preocupações e desafios e encontrar soluções antes de os problemas virarem ameaças. Essa questão é especialmente importante hoje, quando diferentes criações e a distância podem impor obstáculos únicos em uma situação.

Então, a liderança hoje exige uma combinação de habilidades – mais do que nunca –, mas só ter as habilidades não torna ninguém um grande líder, assim como saber segurar um pincel não torna ninguém um artista. As habilidades são necessárias, claro, mas um bom líder é mais do que isso: ele tem a capacidade de aplicar essas habilidades, responsabilizar-se e ser completamente comprometido com o projeto.

No início deste livro, perguntei o que significa ser líder. Discutimos as habilidades necessárias e, agora, podemos resumi-las com a mentalidade que as coloca em prática. Ser líder de um negócio moderno quer dizer ser capaz de tomar decisões e colocar planos em ação quando outros não são. É ter a capacidade de ver problemas e desafios com clareza e encontrar soluções práticas para eles, mesmo sob imensa pressão, sem nunca titubear diante da responsabilidade colocada sobre ele. Ser líder quer dizer viver e respirar seu trabalho, fazer o que quer que seja necessário para realizá-lo e esforçar-se para atingir o sucesso com seu objetivo, sua equipe e seu projeto – sabendo que eles sempre vêm em primeiro lugar, antes de férias e feriados, todos os dias. No geral, liderança é mais que ter habilidades, é ser capaz de ser bem-sucedido.

CAPÍTULO 2

AMIGO OU SUBORDINADO

~~~~

Ser líder quer dizer tomar decisões difíceis. No final, quando chegam as decisões cruciais, como líderes, temos de nos responsabilizar, não importa o quanto a situação seja desafiadora. Como você pode imaginar, ao longo dos anos tive de tomar algumas decisões difíceis, algumas das quais tiveram impacto significativo e negativo em membros da minha equipe.

Todo mundo tem emoções, então, esse tipo de escolha é incrivelmente difícil, e fica pior se houver amizade, além da conexão profissional. Separar essas duas coisas é extremamente importante se quisermos ter sucesso como líderes, porque precisamos conseguir tomar decisões descompromissadas, baseadas no que é melhor para a empresa, não em nossos sentimentos.

Há outros motivos para essa separação, como ficar totalmente focados em tudo o que fazemos quando mantemos o trabalho separado, mas neste capítulo quero falar sobre amizades dentro da equipe. Primeiro, vamos colocar a questão compreendendo o que são um amigo e um subordinado no contexto das relações de um líder.

No ambiente de trabalho, um subordinado é alguém que trabalha comigo e por quem sou responsável profissionalmente. Por outro lado, se essa pessoa também for minha amiga, passo tempo com ela fora do trabalho. Em ambos os casos, ela pode se reportar diretamente a mim ou ser parte de um departamento que supervisiono.

Ser amigo de um subordinado cria uma série de problemas e, embora precisemos dessas relações de amizade, há vários motivos pelos quais elas podem ser prejudiciais ao desempenho da liderança. Isso porque, como líderes, aumentar a moral da equipe e tirar o melhor dos indivíduos está no centro de tudo o que fazemos – e deve estar para todos os líderes. Ter relações pessoais dentro de sua equipe pode atrapalhar isso. Por exemplo, com bons amigos, baixamos a guarda, falamos de nosso passado, contamos histórias de nossa vida pessoal e podemos também usar apelidos depreciativos. Tudo isso, claro, é perfeitamente normal fora do trabalho. Mas, se esse amigo não conseguir separar a vida profissional da pessoal, permitindo que a pessoal invada a profissional, referindo-se ao líder por um apelido ou repetindo histórias pessoais dele, duas coisas podem acontecer. Primeiro, isso minaria a autoridade do líder, o que poderia levar a mais problemas, fora o efeito imediato sobre a habilidade do líder de manter a equipe trabalhando de forma eficaz. Se a autoridade for enfraquecida, fica cada vez mais difícil maximizar o desempenho da equipe, e isso ocorre em nível individual e coletivo.

Segundo, todos os funcionários sob a responsabilidade do líder esperam ser tratados igualmente, e isso vale para o trabalho que fazem, a forma como as regras se aplicam a eles, as oportunidades que eles têm. Pode ser um problema realmente complexo, porque, se alguém com quem tenho uma relação pessoal recebe tratamento especial, uma promoção ou uma tarefa desejável específica, isso pode acabar com a confiança dos meus subordinados em mim. Independente de a decisão que tomei ser baseada no que é melhor para a empresa, os outros verão nela favoritismo.

Isso não só tem potencial de causar conflito, mas de prejudicar o moral no grupo todo, reduzindo a eficácia do coletivo, o que acabará afetando a produtividade e o desempenho, ou, em outras palavras, o exato oposto do que nós, como líderes, estamos tentando conseguir. Além disso, há também o potencial de passar para a frente informações inapropriadas, porque são normais conversas entre os membros da equipe, e eu, como líder, tenho muito mais informações do que os outros devem ter. Essa combinação pode trazer problemas que certamente afetarão a moral e também o desempenho.

Como líderes, lemos isso e imediatamente nos convencemos de que ficaríamos imparciais em relação a escolhas profissionais, mas não é tão simples. Um bom amigo que seja um parceiro importante em nossa vida pessoal de fato nos afeta. É simplesmente como funcionam todos os tipos de relacionamento. É muito fácil tornar-se enviesado em relação a um amigo sem perceber, mas os outros definitivamente vão notar e, como mencionamos, isso traz consequências potencialmente devastadoras.

Para líderes, é crucial manter essa separação entre pessoal e privado, inclusive em relação a amigos. Subordinados devem sempre permanecer assim, e é melhor evitar amizades que misturam trabalho e vida pessoal. É só usando essa abordagem que se pode evitar problemas em potencial. Em um primeiro momento, pode parecer uma visão drástica; porém, líderes que desejam ser os melhores possíveis devem reconhecer que os riscos não valem a pena.

Não quer dizer que os líderes precisem se isolar. Quer dizer apenas que administrar a realidade e manter o foco são aspectos importantes de adaptar-se à liderança que todos nós precisamos dominar.

CAPÍTULO 3
MEUS ERROS

Na jornada deste livro, estou buscando ajudar outros líderes a refinar suas habilidades e melhorar sua performance. Ao longo de minha carreira, construí as ideias de liderança que incluem o que acredito ser a melhor abordagem, e foi uma curva de aprendizado.

Inevitavelmente, cometi erros durante minha vida profissional, mas isso não é algo com que se preocupar – todos cometemos erros. A coisa mais importante é aprender com eles e evitar a recorrência.

Neste capítulo, quero falar sobre os erros que cometi e como os transformei em experiências positivas adaptando minha administração e ideias de liderança às lições que aprendi. É importante, porém, lembrá-lo de que duvidar de si mesmo também pode ser um problema e que, por vezes, suas intuições são melhores do que o conselho que você recebe.

Como líderes, devemos trabalhar constantemente essa habilidade, refinando nossa abordagem e aprendendo com quaisquer erros que cometamos. A cada novo membro da equipe ou organização em que assumimos um cargo, há um novo desafio. Cada pessoa é única, cada situação é diferente, e encontrar o caminho mais eficaz para a relação profissional que queremos como líderes reflete isso. Devemos aprender com nossos erros – como líderes e seres humanos –, porque faz parte de nosso processo de crescimento para tornar-nos pessoas e líderes melhores. Porém, como já dissemos, é importante nunca seguirmos cegamente uma orientação ou desafio em relação ao que estamos fazendo. Líderes dão a direção, consideram situações cuidadosamente e tomam decisões informadas. Para fazer isso de maneira eficaz, devemos estar confiantes em nossas habilidades. Bater em retirada assim que os métodos são desafiados não demonstra confiança – aliás, pelo contrário.

Portanto, examine adequadamente as críticas e nunca despreze-as de cara, porque erros serão cometidos e devemos todos reconhecer isso e reagir adequadamente.

CAPÍTULO 4
DIFERENCIANDO-SE

Diferenciar-se de sua equipe faz sentido para uma liderança eficaz, como já discutimos. Criando relações fora do ambiente de trabalho, comprometemos a autoridade necessária para ser um líder eficiente. Não só isso, mas tomar decisões difíceis pode também se tornar ainda mais desafiador se estivermos socialmente conectados a qualquer parte afetada pelas consequências dessa escolha.

Para sustentar a objetividade, uma abordagem lógica e válida é manter o relacionamento entre líder e subordinados puramente profissional. Não é tão simples quanto parece, afinal, os seres humanos são sociais por natureza, e, assim, conseguir essa diferenciação é uma habilidade que todos temos de aprender. O desafio vai além, pois em muitos ambientes também há muita pressão para conformar-se a aceitar abordagens em que a ideia de separar trabalho e vida pessoal é visto com maus olhos.

Como exemplo, vamos analisar uma situação do início de minha carreira, quando eu estava trabalhando para um pequeno banco. Como esperado que aconteça com muitos pequenos grupos, a equipe frequentemente socializava. Certa vez, ocorreu uma festa de Natal no fim de semana. Na segunda-feira seguinte, houve muita conversa e discussão sobre a festa, evidentemente, porque todos tinham se divertido muito. Naquele dia, fui chamado ao escritório de meu gerente, e ele questionou por que eu não tinha ido à festa, tratando aquilo como um grande problema.

Veja, como mencionei em um capítulo anterior, acredito que, para ser um bom líder, você deve separar completamente a vida profissional da pessoal, e essa era minha abordagem inclusive naquela fase inicial da carreira. Eu sabia que ser amigo da equipe atrapalharia minha capacidade de administrá-la com eficácia e justiça, e também comprometeria a relação profissional entre a equipe, como subordinada, e eu, como líder. Essa situação destaca o caminho difícil que os líderes precisam seguir. É impossível estar certo o tempo todo, porque seres humanos cometem erros. Porém, para líderes, simplesmente ouvir que você cometeu um erro não é o bastante, já que devemos controlar cada situação, entender os problemas e analisar nosso próprio desempenho.

Naquele banco, embora a gerência tenha tentado mudar minha abordagem, eu me comprometi com a liderança, que é o mais importante. Compreendi que criar aquele laço social com a equipe prejudicaria permanentemente minha capacidade de liderar e também a autoridade sobre meu time. Isso não quer dizer que, como líder, você deva ser indiferente. É perfeitamente aceitável ser simpático em um contexto profissional, mas é importante definir profissional e social, e mantê-los separados.

Conseguir navegar o delicado limite de construir relações profissionais e ao mesmo tempo manter separação social não é algo natural. É uma habilidade, assim como qualquer outra, que devemos, como líderes, desenvolver, refinar e melhorar com o tempo. Podemos conhecer nossos colegas de trabalho sem comprometer relações profissionais, mostrar interesse neles sem ser íntimo demais e compreendê-los sem perder a separação estrutural entre um líder e aqueles que se reportam a ele.

Algumas pessoas pensam de imediato que separar vida pessoal e profissional quer dizer ser isolado e desinteressado no trabalho, mas isso está longe da verdade. A capacidade de manter boas relações de trabalho é crucial para um líder. Fazer isso sem se envolver socialmente com o grupo fora do ambiente de trabalho exige esforço.

Como líderes, devemos dominar o equilíbrio entre ser parte da equipe de uma forma que nos permita motivá-la eficientemente e administrar cada indivíduo para tirar o melhor dele sem perder a autoridade e a separação que nos permite ser líderes eficazes. É um equilíbrio difícil de conquistar e, embora possa parecer errado evitar eventos como festas de Natal, isso acaba por beneficiar a nós e à equipe que se reporta a nós.

Mantendo a separação, um líder pode ser mais focado, tomar decisões imparciais e refletidas, e prometer um ambiente de trabalho justo e sem viés para todos. E isso é crucial. Como líderes, temos muitas responsabilidades, muitos desafios e muitas habilidades para dominar. E, embora manter uma separação social e profissional possa parecer uma parte pequena disso, ainda é algo em que precisamos trabalhar todo dia para ser o melhor líder possível.

CAPÍTULO 5
AS DESVANTAGENS DE SER LÍDER

Embora haja muitos benefícios em ser líder, é importante reconhecer que há desvantagens também. Nada na vida é completamente perfeito, em especial algo que valha o esforço – e a liderança é igual. Um ponto único, porém, é que alguns desses desafios estarão inteiramente nos ombros do indivíduo, sem chance de compartilhar o peso.

As primeiras desvantagens da liderança de que precisamos falar são a pressão e as expectativas que ela traz. Como já discutido neste livro, ao olhar as implicações de ser líder, entre muitas coisas, vemos que, quando há decisões cruciais, devemos tomar responsabilidade como líderes, não importa quão desafiadora seja a situação ou o que signifique para nós pessoalmente. Isso traz pressão e expectativa em medidas iguais. A pressão consiste em acertar essas decisões importantes, e a expectativa vem das outras pessoas, que pensam em nós como aqueles que sempre conseguem achar a abordagem certa a cada desafio.

No início deste livro, destaquei que, como somos todos humanos, não vamos acertar tudo o tempo todo. Com isso em mente, é importante observar que muita da pressão que um líder encontra é autoinfligida. Não só sabemos que precisamos acertar consistentemente, mas também esperamos fazer isso. Independente da situação, temos de desempenhar bem e entregar as habilidades profissionais e o entendimento que nos colocou nessa posição de responsabilidade, para começar.

A pressão vem em muitas formas, e ser responsável por outros também é uma delas. O que quer que façamos como líderes – nossas escolhas e ações – sempre afeta os outros e a nós mesmos. E aquela responsabilidade não se resume a grandes escolhas. Quem contratamos ou demitimos é obviamente uma decisão que impacta os outros, mas cada coisinha que fazemos importa.

Escolher alguém para uma promoção ou projeto específico pode afetar os outros, e alguém que realmente queria aquilo pode sentir que não foi levado em consideração, o que pode fazer com que essa pessoa procure outras opções de emprego. Em outras palavras, subestimar alguém para um projeto ou uma promoção aos quais essa pessoa se sente adequada pode minar sua motivação. Isso pode rapidamente prejudicar a moral da equipe e, de repente, você enfrenta uma diminuição na produtividade.

Cada escolha que fazemos como líderes é relevante, e isso quer dizer pressão constante. Normalmente, é uma desvantagem para a maioria das pessoas, mas, como líderes, devemos abraçá-la como parte de nossa vida e aprender a prosperar com ela, porque a única forma de ser um líder eficaz é conseguir trabalhar sob pressão e expectativa constantes.

O que precisamos lembrar a todo momento é que, como líderes, teremos de lidar com isso basicamente sozinhos. Ter responsabilidade, no fim, significa que cada escolha é nossa. Somos donos dos sucessos, dos fracassos, dos benefícios e das consequências. Tudo acaba em nossas mãos. Esse isolamento em si é uma desvantagem, pois, embora os outros possam aconselhar, no fim das contas é o líder que assume a responsabilidade. É realmente difícil, mas, de novo, precisamos aprender a aceitar isso conforme crescemos como líderes. Cuidar de pessoas e manter a separação profissional pode parecer difícil em algumas situações, mas é um aspecto essencial de tornar-se o melhor líder possível.

Finalmente, como líderes, enfrentamos uma batalha constante com o tempo. Não importa quais desafios enfrentemos, nunca há tanto tempo quanto gostaríamos para resolvê-los. Essa desvantagem específica interfere também em nossa vida pessoal, porque a boa liderança requer um enorme investimento de tempo, e cada hora gasta trabalhando é uma hora pessoal perdida. Amigos, familiares e todo o resto podem precisar ficar em segundo plano em algum ponto na carreira de um líder, para podermos ser profissionalmente responsáveis, e devemos aceitar e estar preparados também para isso.

Agora, você talvez esteja se perguntando "por que você está me falando sobre as desvantagens da liderança? Está tentando me convencer a não ser líder e optar por uma vida mais fácil?". E minha resposta seria:

"É claro que não! Tornar-se um ótimo líder significa entender a liderança em sua totalidade, as coisas boas e as ruins". A pressão e o isolamento são forças negativas poderosas e podem ter um efeito prejudicial em nosso desempenho como líderes. Chamo de "paralisia de decisão" quando não conseguimos tomar uma decisão difícil por estarmos preocupados demais com errar e acabamos não fazendo nada. Às vezes, o isolamento quer dizer que estamos duvidando de nós mesmos, minando nossa estratégia e tomando o caminho para problemas futuros.

Não podemos evitar os aspectos negativos da liderança, mas precisamos reconhecer, entender e lidar com eles para garantir que o que quer que façamos profissionalmente e quaisquer decisões que tomemos não estão sendo afetadas por essas influências negativas.

CAPÍTULO 6
OS BENEFÍCIOS DE SEPARAR NEGÓCIOS E AMIZADE

Discutimos por que é importante separar negócios e amizade, profissional e pessoal, mas, na maior parte do tempo, nos referimos às desvantagens de não fazer essa separação. Há também vantagens para os líderes, não só em termos de desempenho geral, mas em de fato tornar a gerência mais fácil.

Se detalharmos os elementos essenciais da liderança, uma grande parte será interação humana. A forma como os líderes lidam com os outros, sejam subordinados da equipe ou *stakeholders* externos, define seu estilo de liderança e sua eficácia. Torna-se claro, portanto, que relações profissionais são cruciais para tornar-se um líder eficaz.

Com isso em mente, é prudente para um líder olhar os relacionamentos profissionais que precisam ser formados e minimizar qualquer coisa que possa torná-los mais difíceis de serem mantidos. Um exemplo seria uma situação em que um líder ignorou a separação de vida profissional e pessoal e é íntimo de um membro da equipe, alguém que se reporta diretamente a ele. Eles socializam, suas famílias são amigas e eles se veem todo fim de semana. Se esse membro da equipe não estiver tendo bom desempenho ou tirar um dia de folga por doença depois de beber demais com o líder, a relação pessoal vai tornar mais fácil ou mais difícil lidar com esse indivíduo? Mais difícil, certo? Como líder, eu provavelmente teria vergonha e me sentiria muito desconfortável tendo de repreender alguém de quem sou tão próximo. Mantendo a vida pessoal e a profissional separadas, nunca tenho de lidar com uma situação dessas, que seria difícil para mim. Não só evito um potencial problema de gerência, mas economizo tempo e estresse.

Agora, vemos o valor de moldar nossa vida pessoal para sermos o mais eficaz possível. Para isso, o tempo, claro, é essencial. É central para os negócios se posicionarem no mercado, ficarem à frente da competição e entregarem para os clientes, mas também é importante em nível pessoal para o líder.

Anteriormente, falamos sobre as desvantagens de ser líder. Uma delas consiste em enormes porções de nosso tempo serem tomadas pelo trabalho e o afastamento de nossa vida pessoal. Precisamos aceitar isso como parte do pacote, mas, se houver formas de evitar adicionar tarefas que consumam ainda mais o dia, devemos levá-las em consideração também. Introduzindo problemas adicionais aos desafios com que devemos lidar, como um relacionamento pessoal com um subordinado que esteja tendo desempenho baixo por qualquer motivo, estamos estabelecendo mais obstáculos para superar e, como resultado, criando uma tarefa mais longa que consome mais de nosso dia. Portanto, manter essas separações entre vida profissional, pessoal e relacionamentos quer dizer evitar essas questões e liberar tempo valioso.

A separação também evita tentação. Então, mesmo que um líder acredite que é capaz de lidar com todo mundo da mesma forma e manter amizades com alguns deles, é importante lembrar que uma relação consiste em duas pessoas. Então, preciso me convencer que nunca trataria meu amigo de forma diferente dos outros, mas o que aconteceria se esse amigo ficasse tentado a me pedir para fazer exatamente isso? Uma promoção está disponível, e ele me pede para escolhê-lo, por exemplo. Essa situação não é improvável, você deve concordar, e coloca um líder em uma posição muito difícil. A solução para isso inevitavelmente envolverá conflito com o amigo, tomará tempo e prejudicará o desempenho em outros aspectos do todo. Com isso em vista, a resposta é clara: evitar totalmente. Se não criarmos essas relações sociais, a tentação de usá-las para benefício nunca existirá, para começo de conversa, protegendo a nós mesmos e nossa equipe.

Em um mundo de negócios que se move rápido, precisamos realizar coisas, e líderes simplesmente não têm tempo para esse tipo de relacionamento em sua vida profissional. Seja lidando com situações desconfortáveis que já mencionamos ou perdendo tempo todo dia conversando sobre encontros sociais ou outros papos exigidos para manter essas amizades, os líderes não podem dispor do tempo necessário – especialmente em horário comercial. Manter o foco nas tarefas da vez, atingir objetivos e fazer as coisas acontecerem é a rota para a lideran ça efetiva. Mantendo as coisas simples, separando completamente a vida pessoal e a profissional, permitimo-nos ser líderes mais eficazes hoje e no futuro.

CAPÍTULO 7

FEITO É MELHOR DO QUE PERFEITO

Como líderes, somos responsáveis por atingir objetivos e metas definidos por nossa equipe, nosso departamento ou nossa empresa. Em resumo, estamos lá para fazer as coisas acontecerem. Podemos ter abordagens diversas em relação a isso, mas nosso objetivo como líderes é sempre finalizar as tarefas designadas. A maneira como essas tarefas são feitas também é importante. Há muitas formas de lidar com qualquer projeto de desenvolvimento, mas duas são muito comuns. A primeira busca completar tudo, testar no mercado e melhorar onde necessário. A segunda é pegar uma pequena parte da tarefa, completar, testar, refinar e passar para a próxima parte.

A questão de qual abordagem é a melhor é uma que dezenas de líderes responderão de dezenas de formas diferentes, mas, como estamos falando de minha história e de minhas ideias de liderança, quero contar o que penso. Minha opinião sobre isso não vem do nada, mas é formada pela experiência de muitos anos. Não há sistemas perfeitos, e qualquer sistema tem algumas desvantagens, mas, por experiência e observação, acredito que simplesmente terminar as coisas é o melhor.

Em teoria, as duas acabam no mesmo lugar – um produto finalizado, refinado e completamente testado –, mas a primeira entrega mais rápido. Quando inicialmente criamos e finalizamos, e depois voltamos para retificar problemas descobertos no uso, construímos o produto com o mínimo de trabalho.

Em contraste, a segunda abordagem pode envolver trabalho extra quase infinito. Ao tentar aperfeiçoar cada componente do desenvolvimento antes de passar para a próxima fase, arriscamos perder foco no projeto geral e perder-nos nos detalhes minuciosos de uma única peça. Como não há produto perfeito, essa abordagem só desperdiça tempo, aumenta custos e atrapalha a finalização do desenvolvimento. Com um líder que tem o propósito de finalizar as coisas, essa abordagem pode ser problemática. No geral, a primeira estratégia de desenvolvimento realiza coisas e é mais eficiente e eficaz. Mas tomar essa rota com nosso foco em realizar coisas rapidamente exige que nossa equipe esteja motivada, cumpra os prazos definidos e esteja focada na tarefa da vez. Nesse ambiente, uma relação social poderia causar problemas. Se um subordinado que é amigo simplesmente achasse que um líder não se importará com tarefas finalizadas após o prazo, isso criaria um problema imediato, mas os efeitos podem ser ainda mais amplos. Se esse amigo começasse a falar para os outros integrantes do projeto que o líder não se importa com o atraso, eles imediatamente teriam a mesma atitude. A autoridade é uma coisa frágil que pode ser erodida instantaneamente por esse tipo de atitude, e, antes de percebermos, o desenvolvimento não está cumprindo as metas, com consequências potencialmente devastadoras.

Para sermos o líder eficaz que todos queremos ser, precisamos ser capazes de motivar nossa equipe a realizar as coisas, mas devemos ter a autoridade e o respeito para também manter o bom desempenho. O tipo de atitude aqui descrita mina os dois, e, embora alguns digam que seus amigos nunca se comportariam assim, a realidade é que nunca sabemos até acontecer. O que sabemos é que, se não há relações pessoais a explorar, essa situação nunca surgirá – eu garanto. De novo, minimizar a probabilidade de problemas cria uma experiência mais fácil e produtiva como líder. Separar a vida profissional e pessoal não tem a ver só com evitar problemas específicos, mas remove completamente a chance desses problemas. Com líderes sob constante pressão e tantos outros potenciais problemas a lidar a cada dia, é simplesmente crucial evitar questões autoinfligidas sempre que possível. Evitar amizades sociais no local de trabalho faz justamente isso.

Realizar coisas é o lema de um líder, e, para cumprir isso, devemos fazer o necessário. Colocar-se à parte da equipe e manter essa separação em um nível pessoal é uma habilidade que aprendemos com o tempo, mas é necessária.

LÍDERES NÃO TÊM AMIGOS, TÊM SUBORDINADOS.

Este livro foi composto em Minio Pro 12 pt e impresso
em papel Pólen 80 g/m² pela gráfica Meta.